21 jours pour

boostez votre concept de soi !

TOUT EST POSSIBLE !

Le meilleur défi pour s'aimer et être plus confiante que jamais pour le reste de votre vie !
Le plus dans ce défi ? *Il accélèrera toutes vos autres manifestations, car toute votre réalité 3D vient avant tout de ce qui se passe à l'intérieur de vous.*

Table des matières

Introduction

*De plus en plus de monde sont attirés par la loi de l'attraction en effet ce principe est extrêmement répandu dans le monde et lorsque nous faisons quelques recherches il est facile de comprendre qu'elle est utilisée depuis la nuit des temps. Toutefois, celle-ci peut être difficile à comprendre et donc par conséquent difficile à appliquer. La loi de l'attraction n'est qu'une des grandes lois qui régissent notre univers (comme la loi de la gravitation universelle par exemple autrement appelée la gravité). Elle englobe même plusieurs lois mais se base sans aucun doute sur la plus importante et méconnue de toutes. **La loi de l'hypothèse**.*

*C'est de celle-ci que nous allons parler dans cet ouvrage, car c'est elle qui vous permettra d'obtenir tout ce que vous souhaitez au moment où vous souhaitez l'obtenir. N'oubliez jamais que **tout est possible,** car vous êtes le créateur de votre réalité alors prenez dès à présent votre vie en main.*

Les bases de la loi de l'hypothèse

La loi de l'hypothèse est utilisée de tous depuis toujours. Bien que méconnue du plus grand nombre vous l'utilisez bien depuis votre naissance. Certain ont la chance de s'en rendre compte à un moment de leur vie et c'est ainsi qu'une deuxième vie peut enfin commencer remplie d'abondance et de rêves exaucés.

Mais en quoi consiste-elle vraiment ?
En voici une définition assez simple et concrète :
La loi de l'attraction est que l'on attire à soi les choses sur lesquelles on focalise l'attention. On pourrait imaginer que vous êtes un aimant qui va attirer à lui l'objet ou l'évènement qu'il entretient dans ses pensées.

Comment la comprendre et l'interpréter ?
Vous avez souvent dû entendre cette phrase "votre extérieur est le simple reflet de votre intérieur". Autrement dit ce que vous voyez dans votre monde extérieur, les choses qui vous arrivent, les choses que vous faites partent en premier lieu de l'intérieur de vous et de l'apport d'énergie que vous avez apporté à cette pensée.
Pour faire plus simple, **lorsque vous pensez à une chose, bonne ou mauvaise et que vous y projetez toute votre attention, que vous la vouliez ou non cela finira par arriver dans votre réalité 3D**.
Prenons un exemple que nous avons tous plus ou moins vécu.

Lorsque vous avez un rendez-vous important et que vous partez en pensant que vous allez arriver en retard ou même simplement que vous avez peur d'être en retard et que vous vous répétez cela encore et encore, c'est précisément à ce moment-là qu'il va arriver un imprévu, que ce soit un embouteillage, une voiture qui roule très lentement devant vous, aucun taxi disponible, ou un problème quelconque vous ralentissant encore davantage.
Et bien réalisez maintenant que tout est parti de vous et de ce sur quoi vous vous êtes focalisé. Lorsque vous n'avez aucun impératif il ne se passe que rarement voir jamais d'imprévu. Cela a une explication claire, vous n'y avez même pas pensé.

Maintenant vous pouvez revenir sur l'ensemble de votre vie et enfin comprendre pourquoi certaines choses vous sont arrivées. Il est difficile pour beaucoup d'intégrer cette idée et à juste titre, car il n'existe qu'une infime part de la population qui a pris connaissance de cette loi de l'hypothèse depuis leur enfance. Au moment clé où notre cerveau et où nos croyances se développent. Se rendre compte de toute cette puissance à l'âge ou nos croyances sont bien ancrées en nous est difficile. En prendre conscience c'est bien mais déconstruire toutes vos croyances limitantes est un pas parfois long à franchir. C'est pourquoi une aide est parfois plus que nécessaire afin d'être soutenu dans ce processus.

En effet c'est au moment où vous passez ce cap et que vous acceptez enfin votre propre pouvoir, le pouvoir de votre esprit que vous pourrez créer votre vie rêvée. Remplie d'abondance, d'amour, d'argent, de santé et de toutes ces choses que vous désirez le plus au monde.

Toutefois certaines habitudes sont plus longues à s'ancrer que d'autres surtout quand on revient de loin, de là où on pensait que rien n'était possible, de là où tout était bien trop grand pour nous, de là où la notion de destin déjà écrit avant même notre naissance était encore bien présente. C'est pourquoi notre cerveau mettra généralement **21 jours** pour se convaincre d'une chose et en faire une habitude et une croyance absolue. Et cela uniquement si vous vous répétez vos désirs. Parfois en revanche il faudra quelques jours de plus cela dépend de chacun. Peu importe dans quelle catégorie vous vous trouvez vous y arriverez. Et rien ne vous empêche d'essayer. Il n'existe qu'une seule personne qui est maître de votre destin et c'est **VOUS**. Alors franchissez ce cap ! **Tout est maintenant possible**.

Possible pour tous ?

Croyez-vous sincèrement que vous êtes le seul dans cet univers pour qui cette loi ne fonctionnerai pas ?

Prenons la loi de la gravité par exemple, la remettez-vous en question ?

Pensez-vous que vous n'êtes pas régi par cette loi ?

Si c'est le cas alors vous seriez en train de flotter quelque part dans l'univers.

Mais je pense sincèrement que votre réponse est "bien sûr que j'y crois, c'est normal non ?"

Et bien permettez moi de vous annoncer que la loi de l'hypothèse part du même principe. La seule raison pour laquelle vous doutez encore c'est que votre cerveau n'a pas grandi et mûri avec cette idée. Vous cherchez encore des preuves ?

Est-ce que vous cherchez des preuves pour comprendre la gravité ? Cherchez-vous pourquoi vous restez les pieds sur Terre sans aucune crainte que cela ne change ? Non.

Alors arrêtez de chercher des preuves pour vérifier que la loi de l'hypothèse fonctionne. Elle fonctionne pour tout le monde depuis le premier jour jusqu'au dernier. Vous vivez avec sans même vous en rendre compte depuis toujours.

Oui vous pouvez le faire. Oui elle marche aussi pour vous. Et si vous cherchez encore des preuves alors regardez votre vie. Revenez sur chaque infime élément et demandez-vous si vous n'y avez pas pensé avant qu'il ne se produise, même une seule seconde. La réponse sera sans doute oui à chaque fois. Et la plus belle preuve est là.

Maintenant imaginez en sachant tout ce que vous avez déjà accompli, de bon comme de mauvais pour vous, sans connaître cette loi ce que vous allez aujourd'hui réaliser en ayant conscience que vous êtes le maître de votre destin et que vous pouvez prendre votre vie en main dès à présent sans attendre.

Non, vous n'êtes pas différent. Non, votre voisin ou votre star préféré n'est pas meilleur que vous. **VOUS** êtes l'essence de tout. L'essentiel c'est d'y croire et d'en faire un fait acquis pour vous et votre esprit.

Il existe tellement de monde qui ont réalisé tant de choses incroyables. Ces personnes n'ont pas plus de puissance que vous, elles ne sont pas au-dessus de vous. Alors pourquoi vous vous ne pourriez pas accomplir les mêmes choses ?

Leur secret ? Elles se sont persuadées que c'était possible. Alors vous savez ce qu'il vous reste à faire. Persuadez-vous. Comment ? Grâce à la répétition de pensées.

C'est trop facile ? La réponse est oui !

Pourquoi faut-il que les choses soient constamment dures pour être vraies ? Seulement parce que c'est dans votre propre croyance. Défaite-la et **commencez à vivre facilement** et en toute légèreté.

N'oubliez pas qu'Henry Ford disait « Que vous pensiez être capable ou ne pas être capable, dans les deux cas, vous avez raisons ».

Pourquoi faire ce défi ?

- Pour toutes les personnes qui ont arrêté à un moment de leur vie de s'aimer, de se privilégier, de se mettre au centre de leur univers.
- Pour ceux qui ont laissé d'autres personnes devenir leur unique priorité.
- Qui se sont considérés ne serait-ce qu'une seconde comme inférieurs ou indignes de l'amour ou de l'attention du monde.
- Ce défi est destiné pour tous ceux qui n'arrivent pas à se regarder dans un miroir en se disant qu'ils s'aiment et qu'ils sont les plus importants.
- Pour vous qui êtes descendu de votre piédestal et qui avait enlevé votre couronne.
- Pour ceux qui lutte avec la loi de l'attraction chaque jour en ne voyant rien arriver.

Sachez qu'il y a plein de cas pour lesquels ce défi est indispensable. En réalité tout le monde en a besoin. Vous pensez que vous avez suffisamment d'amour pour vous ? Moi je pense que nous n'en avons jamais assez. Vous pensez être suffisamment confiant. Au centre de votre réalité ? Pensez-vous vraiment que vous seriez en train de lire ceci si vous étiez à 100% sûr de cela ? Le doute est là et c'est pourquoi ce défi est primordial pour vous. Pour chacun d'entre vous. Pour chaque personne sur cette planète.

Il est temps de relevé la tête. De vous remettre debout. De vous refaire passer avant tout. Vos désirs, vos projets, vos rêves sont importants et vous devez continuer de croire en eux c'est certain. Toutefois croire en vous et en votre pouvoir est la chose la plus bénéfique que vous pouvez vous apporter. Vous pouvez réaliser vos plus grands désirs sans aucun amour pour vous-même mais cela est-il bénéfique pour vous ? Si votre concept de vous même n'est pas au plus haut vous ne serez jamais satisfait. Même une fois votre but atteint vous aurez peur de le perdre à nouveau ou de ne pas arriver au suivant. Vous serez chaque jour et chaque seconde pris de doutes et de peurs.

S'il vous plait, **faîtes le pour vous**. Pas pour les autres. La seule personne que vous devez gâter c'est vous. Et il n'y a rien de plus simple. Suivez ce défi. Croyez en vous. Tout est possible mais, tout passe avant tout par vous. Quand vous vous sentirez bien avec vous-même alors les choses que vous désirez le plus commenceront à arriver et bien plus vite que ce que vous ne l'espériez. Ainsi est faites la loi, L'extérieur passe avant tout par l'intérieur. Plus l'intérieur sera puissant et plus l'extérieur sera beau.

Faites vous cet honneur. Reprenez votre pouvoir. Personne n'est au-dessus de vous et vous allez vous en rendre compte très vite. Reprogrammez votre esprit, car la chose la plus importante à retenir à jamais c'est que la seule personne avec qui vous êtes sûr de vivre jusqu'à la fin de vos jours c'est vous. Alors, offrez vous chaque jour ce bonheur. **Pour vous.**

Les bénéfices du concept de soi

- ✭ Obtenez plus rapidement vos manifestations.

- ✭ Tout le monde dans votre réalité vous traitera comme un diamant.

- ✭ Moins réagir et déprimer au moindre évènement dit comme négatif.

- ✭ Un boost de votre confiance en vous en moins de 24h.

- ✭ Une meilleure vue de ce que vous voulez vraiment dans la vie.

- ✭ Et tellement plus !

Le défi

REPRENEZ VOTRE VIE EN MAIN !

 *Vous êtes à un pas du bonheur absolu !* 

Semaine #1

Bienvenue dans la première semaine de ce challenge de concept de soi !

Cette semaine sera consacrée à la **révision**.

Mais qu'est-ce que la révision ?

Elle vous aide à laver l'ardoise de votre vie afin que vous recommenciez sur une surface propre autrement dit une base propre et lisse elle peut se réaliser sur n'importe quel aspect de votre vie, mais nous allons l'utiliser ici pour réviser les choses qui sont en nous.

Se recréer soi-même est très important, je veux que vous choisissiez 5-7 choses que vous voulez changer sur vous-même (exemple : manque de confiance, paresse…). Une fois que vous les avez choisis vous allez créer des affirmations positives en lien avec celles-ci. (le dernier chapitre de ce livre est consacré aux affirmations vous pouvez vous y référer afin de mieux comprendre le concept et comment trouver des affirmations efficaces.). Vous ne devez pas avoir une liste de 50 affirmations sélectionnez-en qui englobe vos désirs **5** pas plus sont biens plus efficaces qu'une vingtaine. Maintenant **vous êtes prêt à commencer**.

1ère activité

Pour cette magnifique première semaine consacrée uniquement à vous même, vous allez vous écrire à vous-même une lettre d'amour deux fois par jour et vous la lire dans le miroir autant de fois que vous le souhaitez jusqu'à ce que vous vous sentiez en accord avec ce que vous dites. Vous devez vraiment vous amuser avec ça littéralement ! Libérer votre cœur et pardonnez-vous pour tout !

Vous pouvez l'écrire à la main ou sur votre téléphone/ordinateur ça n'a pas d'importance faîtes en fonction de vous.

Ensuite, tout au long de la journée dès que vous avez un moment de libre et où certaines pensées peuvent refaire surface concentrez-vous sur et récitez-vous vos affirmations de concept de soi ainsi vous aurez littéralement toutes les chances d'obtenir ce que vous désirez pour votre concept.

Vous pouvez les dire à haute voix, dans votre tête, les écrire, chanter ou rapper, il suffit de le faire. Ne les récitez pas comme un robot, faites vous plaisir comme si vous vous parliez à vous-même.

2ème activité

Créez-vous une playlist d'amour de soit. Cette playlist devra être rempli avec uniquement des chansons qui vous font vous sentir bien, puissante et exactement comme vous souhaitez être ! Des vieilles chansons de votre enfance, le nouveau tube de la saison, des musiques internationales ou locales, peu importe l'essentiel c'est que lorsque vous allez les écouter vous vous sentiez incroyables et prêts à tout pour votre bonheur.

Assurez vous qu'elles ne vous fassent ressentir que de l'amour pour vous aucune tristesse ou émotion négative ne doit être ressenti à l'écoute de cette playlist.

Ecoutez votre playlist chaque jour, prend des respirations profondes avant de la mettre afin d'être dans les meilleures conditions et pour que vous puissiez vous concentrer uniquement sur vous. Une fois que vous vous sentez bien lancez la et chantez à tue-tête, dansez, regardez-vous, criez si vous en avez besoin laissez vous aller ce moment est le votre alors prenez-en tous les bénéfices et vivez-le à fond.

Semaine #2

*Bienvenue dans la deuxième semaine de ce challenge ! J'espère que votre première semaine s'est bien passée ne vous en faites pas si vous n'êtes pas encore "On Point" chaque personne est différente assurez-vous de bien réaliser les activités et surtout **persistez** même si vous ne voyez pas de résultats instantanés cela ne veut pas dire qu'ils n'arrivent pas, qui vous dit qu'il ne seront pas là à la prochaine seconde ! Vous devez absolument **persister et persister encore** ! C'est la chose la plus importante et vous verrez quand vous serez la personne que vous rêviez d'être alors à ce moment précis vous vous remercierez pour tout ce que vous avez fait, pour avoir persisté et pour avoir toujours cru en vous et en vos capacités !*

*Maintenant c'est parti pour cette deuxième semaine basée essentiellement sur vous et ce qui vous fait plaisir. **Gardez toujours les mêmes affirmations** que vous aviez lors de la première semaine c'est extrêmement important de ne jamais les changer, vous pouvez vous les dire avec des mots différents mais le sens doit rester le même afin que votre subconscient (le créateur de votre réalité) puisse bien s'en imprégner et puisse ensuite vous les faire apparaître dans votre réalité.*

Allons-y !

Activité de la semaine à ajouter à celle de la semaine #1

Chaque jour de cette semaine vous choisir trois choses à faire pour l'auto-soin c'est-à-dire pour vous sentir bien, si c'est la lecture d'un livre, prenez ce temps-là et lisez un livre, si c'est faire un soin du corps ou un massage, prenez rendez-vous maintenant et appréciez ce moment, si c'est prendre le soleil alors faites le, si c'est boire un chocolat chaud qu'est-ce qui vous en empêche ? Rien alors buvez le ! etc... choisissez trois choses tous les jours qui vous rendent heureux et réalisez les.

Continuez d'écrire vos lettres, continuez de vous les lire devant le miroir, de vous parler, de réciter vos affirmations, faites tout ce qui vous procure de la joie et qui remonte votre estime de vous. Cette semaine est consacrée à cela alors profitez-en !

Semaine #3

Bienvenue dans la troisième et dernière semaine de ce défi !
Vous pouvez être **fier de vous**, vous en êtes presque à la fin. Cela veut dire que vous avez fait le plus dur et que votre concept de vous est presque au plus haut ! Pas d'inquiétude si vous ressentez encore quelques fois de légers doutes vous réussissez maintenant à les retourner immédiatement et à en faire des affirmations positives. C'est admirable et toutes mes félicitations vous avez réussi à **persister** envers et contre tout et c'est ce que vous devez continuer à faire avec l'arrivée de cette nouvelle semaine.

Consacrée cette fois à la vision que vous avez de vous-même cette semaine sera un vrai bonheur pour votre **amour propre**. De l'amour, de l'amour et encore de l'amour pour vous c'est ce que vous méritez alors prenez le et gardez le, tout cet amour est tellement bénéfique.

C'est parti ! Ne lâchez rien !

1ère activité

Tous les matins et tous les soirs de cette semaine seront consacrés à une vraie routine d'amour pour soi.

Prenez le temps en vous réveillant, avant même d'ouvrir les yeux, lorsque vous somnolez encore de vous lister les choses que vous aimez chez vous. Dites-vous les au moins trois fois avant d'ouvrir les yeux, puis prenez trois grandes respirations en quatre temps c'est-à-dire :

4 secondes pour inspirer,

2 secondes pour bloquer votre respiration,

4 secondes pour expirer.

Enfin dites-vous combien vous allez passer une bonne journée et lister quelques-uns de vos objectifs personnels à réaliser dans cette journée, attention, ils doivent vous procurer du plaisir et pas de la peur. Visualisez-les atteints et ensuite commencez votre journée. Prenez soin de vous, levez-vous légèrement plus tôt pour faire les choses que vous aimez le matin (par exemple : mettre de la crème hydratante, choisir une tenue dans laquelle vous vous sentez incroyable, déjeunez tranquillement, etc...).

2ème activité

Prenez le temps avant d'aller dormir, de vous créer une routine plaisir (par exemple : laver vous le visage, faites un masque, appliquer des soins sur votre corps et votre visage, lisez un livre que vous adorez, etc.) prenez ce temps pour vous, pour vous aimer et prendre soin de vous. C'est le bon moment pour vous répéter vos affirmations alors faites le.

Ensuite, lorsque vous êtes sur le point de dormir, que vous êtes couché, les yeux fermés prenez trois respirations en quatre temps.

Une fois que c'est fait pensez à toutes ces choses magnifiques qui vous sont arrivées aujourd'hui, si il vous vient des choses négatives transformez la situation en quelque chose de positif.

(par exemple : vous pensez à votre patron qui ne vous a pas donné cette promotion; maintenant revenez sur cela en pensant à votre patron qui vous a donné cette promotion répéter vous cette idée et dite vous à quel point cela vous fait plaisir !)

Enfin dites-vous combien vous allez passer une bonne nuit et dites-vous vos affirmations de concept de soi jusqu'à ce que vous vous endormiez. En effet le moment où vous passez de réveillé à endormi est le meilleur moment pour affirmer car c'est là que la conscience passe le relais au subconscient vous allez donc avoir directement affaire à lui et vos affirmations seront donc davantage entendue.

Et après ?

Félicitations ! Le défi est maintenant terminé vous pouvez être fier de tout ce que vous avez accompli oublié d'où vous êtes parti et sachez que vous avez toujours été cette personne incroyable que vous êtes maintenant, car c'est la vérité il fallait juste que vous vous en rendiez compte ! Vous avez persisté et c'est la plus grande récompense que vous pouvez avoir. Attention tout de même le défi est certes terminé, mais **la relation avec vous-même ne s'arrête jamais** vous devez donc continuer à vous voir de la meilleure des manières. Continuez les activités qui vous ont fait vous sentir bien elles n'ont pas de date de péremption, vous pouvez les faire autant de fois et de temps que vous le souhaitez. C'est ce qui est magnifique avec ce challenge les clés que vous avez appris ici doivent toujours rester en vous et c'est pourquoi vous pouvez refaire ce challenge autant de fois que vous en avez envie. **Persistez** et continuez à dire vos affirmations chaque jour quand vous avez du temps libre, au réveil et au coucher. L'amour de soi n'a pas de limite et n'oubliez pas que vous devez avant tout vous aimer pour avoir votre vie de rêve !

Si vous pensez qu'il vous manque encore un peu de temps pour que votre concept de vous-même soit au top alors prenez ce temps tout le monde est différent pour certain cela prendra quelque jour pour d'autre un peu plus, mais vous y arriverez parce que vous êtes le seul créateur de votre réalité et la chose la plus importante dans celle-ci c'est **VOUS**. Vous êtes magnifique. Aimez-vous ! Continuez encore et encore ! Pour vous et uniquement pour vous. Vous vous remercierez. **Remerciez-vous déjà d'être qui vous êtes !**

Les affirmations

AIMEZ-VOUS D'ABORD !

 *Le bonheur part de l'intérieur* 

Les principes

La loi de l'hypothèse a pour base l'hypothèse que vous vous faites de la situation. C'est pourquoi lorsque vous souhaitez quelque chose vous devez avoir l'hypothèse que cette situation est déjà arrivée. Que **vous le vivez déjà**. Que vous l'êtes déjà. C'est le cas pour toutes les choses que vous désirez.

Pour réussir à rentrer dans ce monde ou tout est déjà réalisé vous devez reprogrammer votre cerveau et plus précisément votre **subconscient**. En effet votre subconscient ne voit pas il analyse et absorbe uniquement ce que vous lui répétez. C'est pour cela que les affirmations sont utiles et prennent tout leur sens. En effet vous allez devoir vous répéter le but final comme atteint afin que votre subconscient réalise qu'il est déjà atteint et vous l'amène dans votre réalité.

Vous pouvez donc constater que les meilleurs moments pour affirmer sont le matin au réveil et le soir au moment de l'endormissement. C'est à ce moment-là, durant ce court laps de temps que vous allez avoir un contact direct avec votre subconscient qui lui est actif la nuit lorsque vous dormez. Il faut donc en profiter pour lui dire directement à quel point vous êtes heureux d'avoir déjà tout ce que vous souhaitez.

Autre chose à savoir, votre subconscient ne comprend pas la négation il vaut donc mieux lui répéter des affirmations positives uniquement (par exemple : ne dites pas "je ne me déteste pas", dites plutôt "je m'aime") l'impact sera beaucoup plus puissant et l'affirmation sera plus rapidement assimilée.

Quelques exemples

- *Je suis un maître de l'amour propre et du concept de soi*
- *Je suis un maître pour manifester*
- *J'ai toujours été riche et gâtée*
- *Je suis une priorité absolu*
- *Je suis la crème des crèmes*
- *Je suis un diamant rare*
- *Tout m'est donné*
- *Je suis toujours une priorité*
- *Tout le monde me traite comme une princesse/prince*
- *Je suis si jeune*
- *Je suis une princesse/prince*
- *Je suis la plus belle femme/ le plus bel homme du monde*
- *Tout le monde répond à mes besoins et mes désirs*
- *Je suis irrésistible et magnétique*
- *Je suis la femme/l'homme le plus aimé, le plus recherché, le plus désiré du monde*
- *Je suis toujours le choix numéro 1*
- *Je suis la personne la plus populaire du monde*
- *Je suis toujours le centre de l'attention*
- *Tout le monde s'incline devant moi*
- *Je reçois toujours un traitement royal/VIP*
- *J'illumine toutes les pièces dans lesquelles je me trouve*
- *J'ai une aura incroyable*
- *Tout le monde ne voit que moi*
- *J'ai toujours le dernier mot*
- *Je réussi toujours tout ce que je fais*

- *Tout tourne toujours en ma faveur*
- *Seul mes désirs et pensées positive se manifestent*
- *Le monde tourne autour de moi* *
- *Je m'aime*
- *...*

Créer une affirmation qui vous est propre est encore plus puissant et c'est très simple à réaliser.

Pensez à ce que vous désirez vraiment (par exemple vous voulez être tout le temps le centre de l'attention) maintenant vous n'avez plus qu'à faire une courte phrase qui indique que vous êtes déjà cette personne là cela donne dans ce cas précis : "Je suis toujours le centre de l'attention."

Maintenant

vivez pour

VOUS !

TOUT EST POSSIBLE !